Todos los libros de Linkgua Ediciones cuentan con modelos de Inteligencia Artificial entrenados por hispanistas. Pregúntale al chat de tu libro lo que desees acerca de la obra o su autor/a.

Para ebooks: Accede a nuestro modelo de IA a través de este enlace.

Para libros impresos: Escanea el código QR de la portada con tu dispositivo móvil.

Obtén análisis detallados de nuestros libros, resúmenes, respuestas a tus preguntas y accede a nuestras ediciones críticas generativas para una experiencia de lectura más enriquecedora.
La transparencia y el respeto hacia la autoría de las fuentes utilizadas son distintivos básicos de nuestro proyecto. Por ello, las respuestas ofrecen, mediante un sistema de citas, las fuentes con las que han sido elaboradas.

El capitán Montoya

José Zorrilla

El capitán Montoya

Barcelona 2024
Linkgua-ediciones.com

Créditos

Título original: El capitán Montoya.

© 2023, Red ediciones S.L.

e-mail: info@linkgua.com

Diseño de cubierta: Michel Mallard.

ISBN tapa dura: 978-84-1126-731-1.
ISBN rústica ilustrada: 978-84-9816-279-0.
ISBN ebook: 978-84-9897-891-9.

Sumario

Créditos   6

Brevísima presentación   9
   La vida   9

I. La cruz del olivar   11

II. Cuchilladas en la calle   15

III. Ofertas   21

IV. El capitán don César   23

V. Insuficiencia del poeta   29

VI. El novio   35

VII. Doña Inés   39

VIII. Aventura inexplicable   47

IX   59

X. Hechos y conjeturas   65

Nota de conclusión   71

Libros a la carta   73

Brevísima presentación

La vida

José Zorrilla (Valladolid, 1817-Madrid, 1893). España. Tras estudiar en el Seminario de Nobles de Madrid, fue a las universidades de Toledo y Valladolid a estudiar leyes. Abandonó los estudios y se fue a Madrid. Las penurias económicas le hicieron a vender a perpetuidad los derechos de Don Juan Tenorio (1844), la más célebre de sus obras. En 1846, viajó a París y conoció a Alejandro Dumas, padre, George Sand y Teophile Gautier que influyeron en su obra. Tras una breve estancia en Madrid, regresó a Francia y de ahí, en 1855, marchó a México donde el emperador Maximiliano lo nombró director del teatro Nacional. Publicó un libro de memorias a su regreso a España.

I. La cruz del olivar

Muerta la lumbre solar
iba la noche cerrando,
y dos jinetes cruzando
a caballo un olivar.
Crujen sus largas espadas
al trotar de los bridones,
y vense por los arzones
las pistolas asomadas.
Calados anchos sombreros,
en sendas capas ocultos,
alguien tomara los bultos
lo menos por bandoleros.
Llevan, porque se presuma
cuál de los dos vale más,
castor con cinta el de atrás,
y el de delante con pluma.
Llegaron donde el camino
en dos le divide un cerro,
y presta una cruz de hierro
algo al uno de divino.
Y es así, que si los ojos
por el izquierdo se tienden,
sotos se ven que se extienden
enmarañados de abrojos.
Mas vese por la derecha
un convento solitario,
en campo de frutos vario
y de abundante cosecha.
Echóse a tierra el primero,

y al dar la brida al de atrás,
«Aquí, dijo, esperarás»,
y el otro dijo: «Aquí espero.»
y hacia el convento avanzando
del caballero la oscura
sombra, se fue la figura
hasta perderse menguando.
Quedó el otro en soledad,
y al pie de la cruz sentada,
siguió inmoble y embozado
en la densa oscuridad.
Mugía en las cañas huecas
en son temeroso el viento,
rasgándose turbulento
por entre las ramas secas,
y en los desiguales hoyos
con las lluvias socavados,
hervían encenagados,
sin cauce ya, los arroyos.
Ni había una turbia estrella
que el monte alumbrara acaso,
ni alcanzaba a más de un paso
ciega la vista sin ella;
ni señal se, apercibía
de vida en el olivar,
ni más voz que el rebramar
del vendaval, que crecía.
Y al hierro santo amarrados
ambos caballos estaban,
y allí en silencio, aguardaban,
a esperar acostumbrados.
Ni de la áspera maleza
pisada, al agrio rumor,

les volvió su guardador
solo una vez la cabeza.
Un pie sobre el otro pie,
embozado hasta las cejas,
metido hasta las orejas
el sombrero, se le ve
como un entallado busto
de alguno que allí murió,
y allí ponerse mandó
por escarmiento o por susto.
Ni incrédulo faltaría
que si cerca dél pasara,
medroso se santiguara
dudando lo que sería.
Que a quien suele con la luz
y en compaña blasfemar,
bueno es hacerle pasar
de noche junto a una cruz.
Mas esto se quede aquí;
y volviendo yo a mi cuento,
digo que, dudoso y lento,
gran rato se pasó así.
Y ya se estaba una hora
de espera a expirar cercana,
cuando sonó una campana
de lengua aguda y sonora.
Y aun duraba por el viento
su vibración, cuando el guía,
alguien notó que venía
por el lado del convento.
Sacó la faz del embozo,
y oyendo el son más distinto,
eclióse la mano al cinto,

y ¿quién va? el amo y el mozo
preguntaron a la par;
mas conocidos los sones,
asieron de los bridones
y volvieron a montar.
Y es fama que, menos fiero
el señor con el criado,
dejóle andar a su lado
como digno compañero.
Y éste, al ver cuán satisfecho
volvió de su expedición,
así la conversación
introdujo de lo hecho:
—Señor, ¿cómo está la monja?
—Y ¿cómo ha de estar, Ginés?
Atortolada a mis pies
y más blanda que tina esponja.
—Y ¿pensáis dejarla así?
—¡Dejarla, ni por asomo!
No sé todavía cómo,
mas la sacaré de allí,
que según lo que yo he visto,
más quiere la tortolilla
volar libre por Castilla,
que estar en jaula con Cristo.—
Y aquí el recio vendaval,
en voz y empuje creciendo,
puso lo que iban diciendo
para escucharse muy mal.
Y ellos, temiendo que acaso
les cogiera la tormenta,
sacaron por buena cuenta
los caballos a buen paso.

II. Cuchilladas en la calle

En una noche de Octubre
que las nieblas encapotan,
ahogando de las estrellas
la escasa lumbre dudosa,
de la ciudad de Toledo
en una calleja corva
que el paso desde el alcázar
a Zocodover acorta,
es fama que se apostaron
seis hombres, que grupo forman,
de una de las dos esquinas
a la prolongada sombra.
Murmuraron por lo bajo
algunas palabras cortas;
cortas, porque a ellos les bastan,
bajas, por si hay quien las oiga.
Repartiéronse sus puestos
con precaución previsora,
favorable a los que esperan,
y a los que lleguen dañosa;
y quedaron en silencio
casi por un cuarto de hora,
tan ocultos y pegados
a la tapia en que se apoyan,
tan hundidas en la niebla
sus desvanecidas formas,
que hubo quien pasando entre ellos
juzgó la calle muy sola.
Caía desde las tejas
desprendida gota a gota

la niebla, que do halla sitio,
calladamente se posa,
y alguna ráfaga errante,
con tenue voz melancólica
cruzaba de alguna reja
las hendiduras angostas.
Se oían de cuando en cuando
sonar por la calle próxima
puertas y aldabas de casas,
pasos y voz de personas.
Mas nada a los apostados
mueve, anima o impresiona,
ni voces ni transeuntes
parece que les importan.
Inmóviles permanecen,
y las sospechas se agotan
al ver que por ellos pasan
tanta gente y tantas horas;
y es imposible atinar
con el intento que forman,
cogiendo la calle a espacios
por ambas aceras toda.
Marcó las once un reloj,
sonaron tardas y cóncavas
de las once campanadas
las once pesadas notas,
y al par que en la callejuela
los cinco se desembozan,
alumbrándola por dentro,
luz a una puerta se asoma.
Corriéronse los cerrojos,
rechinó la llave sorda,
y un cuadro de luz voluble

vaciló en piedras y losas.
Transpusieron los umbrales
tres bultos, y una tras otra
se oyeron tres despedidas
que murmuraron tres bocas.
Quitó la luz el de dentro,
dobló a la puerta la hoja,
quedó en tinieblas la calle,
ijeron fuera: «¡Ahora!»
«¡Viles!», gritó el que salía;
los que esperaban, «¡La moza,
dijeron, cuenta con ella., »
Y a esta palabra traidora,
en dos pedazos la calle
partida, en música ronca
crujieron y en lid confusa
de las espadas las hojas.
«Asirla», dicen los unos;
«¡Hija, a mi espalda!», en voz torva
decía el recién salido,
que las cuchilladas dobla.
«¡Cómo, decían los unos,
son dos y tenernos osan!»
«¡Cómo, murmuraba el otro,
villanos tientan mi honra!»
«¡Mueran!», dicen de una parte;
«¡Vengan!», dicen de la otra;
y crece de la contienda
la confusión temerosa.
Llueven los tajos sin tino,
y aunque se tiran con cólera,
como tirados a ciegas,
la mayor parte malogran.

Pero valientes parecen,
porque se buscan y acosan
con terquedad tan resuelta,
que unos de otros se asombran.
Dan, hieren, cubren, atajan,
tierra ganan, tierra cortan,
y al ruido de los aceros
la vecindad se alborota.
Sacaron luces por alto,
gritaron: «¡Fuego! ¡La ronda!
¡La guardia!» Mas todo inútil,
porque los tajos redoblan.
Las mismas luces que sacan
son de los menos en contra,
y por doquiera cercados,
en sus postrimeras tocan.
En esto, la calle arriba
llegó un mozo a quien abona
por noble la larga pluma
con que su sombrero adorna,
que excusándose palabras
y revelándose en obras,
echó la capa por tierra
y por aire la tizona.
Púsose en pro de la dama
como quien hidalgos goza
pensamientos, y ha nacido
de noble sangre española;
y anuncióse con tal furia
de cuchilladas, que a pocas
tendió en la calle dos hombres
en las postreras congojas.
Y tan rápido revuelve

contra los cuatro que afronta,
que con una sola espada
para los cuatro le sobra.
Con tiempo y valor apenas
para su defensa propia,
dijo uno de ellos: «¡A tanto,
solo el demonio se arroja!»
Y al escucharle el mancebo,
dijo con voz poderosa:
Con una legión no basta
para el capitán Montoya.»
Y haciendo el último esfuerzo,
la calle entera despoja,
por donde entraba a tal punto
a todo correr la ronda.

III. Ofertas

Cuando llegó la justicia
de la contienda al lugar,
halló asido de la mano
con un hombre al Capitán.
Desmayada una doncella,
de él se veía detrás,
por otro hombre sostenida
con intensísimo afán.
Y cuando ufanos quisieron
meter su tardía paz,
oyeron en esta guisa
al desconocido hablar:
—Fadrique soy de Toledo,
Montoya, no os digo más:
mi honor os debo y mi hija;
si tienen precio mirad,
Y vedlo bien, que aunque entrambos
me demandéis a la par,
os juro a Dios desde ahora
que son vuestros, Capitán.
—Lo hecho, dijo Montoya,
pagado en exceso está
con la amistad de un Toledo;
ésta es mi mano, tomad:
hice lo que debe un noble;
no hablemos en ello más.
—Y asiéndola don Fadrique,
dijo: —Montoya, apretad.—
Tornóse después a su hija,
y volviéndose a nombrar,

paso le dieron y gente
con que ir en seguridad.
Tomó cartas la justicia,
y empezando a justiciar,
llevóse en prenda los muertos,
y citó ante el tribunal
a los testigos que hubiere,
incluyendo al Capitán,
quien calándose el sombrero
replicóles: —¡Bien está!
Póngame, seor corchete,
esa capa en caridad,
y tome esa friolera
con que entierren a ese par.—
Y echando un bolsillo de oro
de la justicia en mitad,
fuese, dejando en la turba
admiración general.
Y justamente admirado
merece ser en verdad
quien da tales cuchilladas
y tales bolsillos da.

IV. El capitán don César

—¡Esa gente es un tesoro!
Él generoso y valiente,
ella hermosa; ¡y juntamente
la ofrecen pesada en oro!
¿Qué te parece, Ginés?
Cuatro millones la dan.
—¡Gran presa, mi Capitán!
¿La aceptaréis?
—¡Fácil es!
—¿Y la monja? —
—¡Eso te aflige!
¡Buenas son ambas, por Dios!
Y quien de dos toma dos,
como hombre avisado elige.
Dicen que parece mal
que hombre de mi condición
viva siempre solterón
derrochando su caudal.
Y a mí también me parece
que quien tanto tiene y vale,
pues de lo vulgar se sale,
más de lo vulgar merece.
La consecuencia te toca:
si una me dan y otra quito,
que con dos puedo acredito;
conque, Ginés, punto en boca. —
Esto dijo el Capitán,
y pidiendo de vestir,
anunció que iba a salir
a cierto asunto galán.

Colgóse al cinto la espada,
de plata en doble cadena,
tendió la negra melena
sobre la gola plegada.
Caló el chambergo de lado,
y retirando el espejo,
tornó su postrer consejo
a repetir al criado.
Doblóse este siervo fiel
en presencia del señor,
y ganando un corredor,
cruzóle delante de él.
Abrióle de par en par,
una tras otra, tres puertas,
que se quedaron abiertas
mucho después de pasar.
Venia le hicieron gran pieza
siervos que al paso topó,
y un paje tras él salió
descubierta la cabeza.
Y a fe que se colegía
mirando tal homenaje,
que era mucho personaje
quien con tal pompa vivía.
Mas ya es tiempo ¡vive Dios!
de que dé el lector discreto
con quién es este sujeto
que anda ha rato entre los dos.
Sepa, pues, que el capitán
don César Gil de Montoya
es de las armas la joya,
y de las hembras imán.
Nadie se atreve a afrontallo,

ni hay quien resista su lanza;
nadie su poder alcanza,
sea a pie, sea a caballo.
En liza donde él se mete
por empeño o por favor,
nunca falta justador
para el último jinete.
En fiesta o lance que él entra,
toda opulencia es escasa;
nadie en lo galán le pasa,
ni más bizarro se encuentra.
Favorece a quien pregunta,
obliga a quien aconseja,
enloquece a quien corteja,
y avasalla a quien se junta.
Audaz con quien enamora,
manda, cela, acosa, exige,
y al cabo del mes elige
nuevo amor, nueva señora.
Un filtro lleva en los ojos
que fanatiza a quien ama,
deleite su voz derrama,
y fuego sus labios rojos.
Mujer que cayó en su red,
su corazón dejó preso,
que sorbe con cada beso
un corazón cada vez.
No hay puerta que lo resista
ni reja que le desaire,
que entra su amor como el aire;
con solo mirar conquista.
Como un sultán opulento,
como un Adonis hermoso,

sin par en lo generoso,
sin igual en ardimiento,
Sol que mata las estrellas,
la fama arrebata toda;
y es siempre el galán de moda
entre las damas más bellas.
Resuena desde Toledo
su nombre por toda España;
los nobles le tienen saña,
los bravos le tienen miedo.
Los golillas lo desdoran,
los clérigos le aborrecen,
los soldados le apetecen,
y los villanos lo adoran.
Mas a él lo importa un ardite
de tan varia voluntad,
y toma por la ciudad,
donde le encuentra, desquite.
Que no hallando ningún Cid
ni topando una Lucrecia,
cuantas conquista, desprecia,
mata cuantos vence en lid.
Tiene un palacio por casa,
da fiestas por afrentar,
que no hay quien sepa igualar
sus profusiones sin tasa.
Sin amigos y sin deudos,
vive solo para sí,
y le mantienen así
sus herencias y sus feudos.
Tan rico y gran bebedor,
no hay medida a sus deseos,
y pasa entra devaneos

una existencia de amor.
Y para ahogar su indolencia
y ocultar que se fastidia,
juega sin afán ni envidia
pedazos de su opulencia.
Si gana, sin ver recoge;
si pierde, paga sin ver;
y ni en ganar ni en perder
hay medio de que se enoje.
Y según derrama el oro
cuando pierde o cuando presta,
parece que tiene puesta
cada mano en un tesoro.
Hay quien de impío le trata,
y juzga que es mal ejemplo
que un paje le lleve al templo
cojín con borlas de plata,
y que es audacia inaudita
hincarse al pie de la grada
y esperar a una tapada
para darla agua bendita.
Y aun corren de sus amores
susurros por la ciudad,
que a ser ciertos, en verdad
pueden tornarse clamores,
que anda entro ellos una llave
con que se abre un presbiterio...
Mas el caso es un misterio
y la verdad no se sabe.
Él sigue ufano y galán,
y los rumores de que hablo,
si los sabe, los da al diablo
satisfecho el Capitán.

Tal es, amigo lector,
el don César de mi cuento:
si le crees malo, lo siento;
mas no fue mucho mejor.

V. Insuficiencia del poeta

Casa don Fadrique a Diana,
y en su palacio reúne
cuanto hay en Castilla entera
en armas y amor ilustre;
que es don Fadrique muy rico
y a origen de reyes sube,
y solo el Rey lo aventaja
cuando sus empeños cumple.
Ofreció una noche su hija
en lance que aun hoy encubre
el misterio de las sombras,
a un hombre a quien atribuye
tantos misterios el vulgo,
como al lance que produce
el repentino consorcio
que amor y razones une.
Mas aunque pasa la noche
y ya su presencia urge,
el novio no está en Toledo,
lo que a sospechas induce.
Mas buenas tiene sin duda
razones que le disculpen,
porque aunque le echan de menos
nadie de falso le arguye.
Todos aguardan que llegue,
y no hay un alma que dude
que se hallará al dar las diez
en los salones del duque.
Que él ha marcado esa hora,
y tal confianza infunde

su palabra, que no hay prenda,
que más valga ni asegure.
Prosiguen, pues, de la boda
las fiestas, los brindis crujen,
y suenan los instrumentos
voluptuosos y dulces.
Nunca tal gala ostentaron
los que de grandes presumen,
ni vio jamás tanta pompa
la asombrada muchedumbre..
Inútil es ponderarla,
y querer pintarla inútil,
que fiestas como ésta mía,
contándolas se deslucen.
Harto lo llora el poeta,
Mas ¡ay, que por más que luche,
con su voz y con su lira,
la realidad no le suplen!
Hará que sus creaciones
en bellos versos murmuren,
que canten báquicos himnos
cuando su festín concluyen.
Podrá, cuando más se afane,
de quien su cuento le escuche
lograr que se finja apenas
el rostro, las actitudes,
la situación o el carácter
de los seres que dibuje;
todo ello pesado y débil,
aunque a lo vano renuncie.
Podrá trazar en un cuadro,
aunque sombras se le enturbien,
las principales figuras

de que su historia se ocupe;
mas la luz, y el movimiento,
y el todo que las circuye,
la multitud, las comparsas
que en torno de ellas agrupe,
que giran, hablan, murmuran,
van, vienen, bajan y suben,
las cercan o las desvían,
y con ellas se confunden,
y respiran con su aliento,
y con impulsos comunes
con ellas gozan, esperan,
ríen, cantan, lloran, sufren...
¡Imposible que lo pinten
y en la mente lo acumulen
con voz, movimiento y vida
fácil, palpable, voluble!
¿Cómo contar el tumulto
que en un momento produce
en un salón donde danzan,
un lance que lo interrumpe?
La voz de «¡Ahí está, señores,
ahí está!», que brota y bulle
de boca en boca rodando
y en derredor se difunde;
y el son de las herraduras
del bridón que le conduce,
que al detenerse en el patio
hace que el patio retumbe;
que en las puertas y ventanas
los que bailaban se agrupen,
y por ver mejor se empinen
se encaramen y se empujen;

los muchos que, prodigando
serviles solicitudes,
bajan a asirle el estribo
porque les mire o saludo,
y el salón que dejan solo
con la alfombra y con las luces,
y la chimenea, en donde
chisporrotea la lumbre,
¿con qué voz, ni con qué lira
se pinta o se reproduce,
de modo que quien escucha
lo conciba y no se ofusque?
¿Cómo el satisfecho porte
contar con que se descubre
al apetecido novio
que por la escalera sube,
mientras se agolpa por ella
la aturdida servidumbre,
y al peso de los curiosos
por ambas barandas cruje?
Avanza, puesp por la sala
la gente se distribuye,
y este es el lance más crítico
que en toda la noche ocurre.
Corre confuso murmullo
y ancho movimiento cunde,
mientras, asiendo un instante,
a sí cada cual acude.
Quién se compone la gola,
quién los vuelillos se sube,
quién desencaja una hebilla
porque el cinturón le ajuste;
quién se revienta unos guantes,

y del placer en la cumbre,
las hermosas se sonríen,
y aunque astutas disimulen,
la vista a un espejo tienden,
la mano a la flor o al bucle.
La que gracias o riquezas,
bien que la pesa, no luce,
busca a una bella la espalda,
que aunque la humille la oculte.
Aquí asoma un pie pequeño,
allí unos ojos azules,
acá una falda de encaje,
allá un airón de tisúes;
aquí un cuello alabastrino,
y allí una mano que pule
un centenar de brillantes
que por mano y dueño arguyen.
Todo esto en viviente masa,
con movimientos comunes,
con existencia uniforme
que en todo fermenta y bulle,
que gira o que vaga a un tiempo,
se dispersa o se reune,
danza o se asoma, y el ruido
cesa, aumenta o disminuye:
este momento de atenta
y afanosa incertidumbre,
¿quién lo cuenta o quien lo canta,
por más que a la par se junten
la voz y el arpa, sin ver
que es fuerza al fin que renuncien
la voz y el arpa, humilladas,
a empresa donde sucumben?

Desisto, pues, de mi empeño,
y aunque me da pesadumbre,
el salón de don Fadrique
quien pueda que se figure.

VI. El novio

Todos los ojos clavados
en la puerta del salón,
toda la gente del baile
agolpada en derredor,
en impaciente y atenta
duda un instante quedó,
esperando la llegada
del venturoso amador.
Don Fadrique, Diana y todos
los parientes que juntó
en su fiesta el noble duque,
de sus huéspedes en pos,
están al dintel parados,
que el danzar se interrumpió,
y ahogaron los instrumentos
su ya no escuchado son.
Todos inciertos callaban,
y allá en confuso rumor,
del novio por la escalera
se percibía la voz,
como si alguno a su paso,
demandándole atención,
recibiera una respuesta
de superior a inferior.
—¿Comprendiste? dijo al fin
en voz clara. —Sí, Señor,
repuso otra voz humilde;
y él a replicar volvió:
—La hora, las dos en punto;
la gente, nosotros dos.—

Y de sus anchas espuelas
áspero compás se oyó.
Cundió general murmullo
de gente por el montón,
la masa de mil cabezas
adelantándose hirvió,
moviéndose a un tiempo todas
para ver y oír mejor;
y a tal punto, por la sala
con paso resuelto entró
el buen capitán don César,
cual siempre fascinador.
Echó los brazos al cuello
de don Fadrique, tomó
la mano a Diana, y besóla
con acendrada pasión,
y por la estancia avanzando,
en tal guisa les habló:
—Señor duque, hermosa Diana,
si tardé, mirad que estoy
pronto desde este momento
a demandaros perdón.
—Capitán, en vuestra casa
nadie exige sino vos.
Id, venid cuando os pluguiere,
sin pena y sin restricción,
que en todo lo que gustareis
nos daréis gusto y honor.
—Pues cuando os venga en agrado,
señor duque, la ocasión
del notario aprovechemos,
con la ley cumplamos hoy;
y atendiendo a ambos mandatos

de justicia y religión,
hoy nos casarán las leyes,
mañana temprano, Dios.
¿Os place?
—¡Sí, por mi vida!
—¿Y a vos, Diana?
—¿Tengo yo
más voluntad que la vuestra,
mi esposo y libertador?
—Pues de ese modo, abreviemos,
que aunque por ello aflicción
siento en el alma, esta noche
aun mi ausencia no acabó.—
Volvióse a tales palabras
el duque, y conversación
siguieron de esta manera
por lo bajo ambos a dos:
—Don César, ¿lleváis espada?
—Solamente a precaución.
—Sabéis, Capitán, que os debo...
—Gracias, duque; aunque de honor,
no es asunto de estocadas,
sino de tiempo.
—¡Por Dios,
que tomara por agravio
que en caso de exposición
reclamarais el auxilio
de otro que no fuera yo!
—Dormid sin cuidado, duque,
que en todo evento hombre soy,
y os despertaré mañana.
Volved esta noche vos
al baile desde la mesa;

danzad, duque, sin temor,
y no os acordéis de mí
hasta que despunte el Sol.
Y así el Capitán diciendo,
la mano de Diana asió,
y a otro aposento pasaron
con toda la gente en pos.
Firmáronse alegremente
los contratos en unión,
volvióse a la danza luego
y a la mesa se volvió.
El duque estuvo gozoso,
el Capitán decidor,
y Diana hermosa y radiante
y hechicera como el Sol.
Y aunque no faltó un misántropo
que admirado se mostró
y auguró mal de esta boda,
cenando como un león,
desde la cena, la danza
tercera vez empezó,
Más que nunca bullicioso
y pacífico el salón.
mas justo será añadir
como fiel historiador,
que mientras seguía el baile
y de los brindis el son,
el Capitán y Ginés
salían al dar las dos,
de la empinada Toledo
por las puertas del Cambrón.

VII. Doña Inés

Cerraron en un convento
a doña Inés de Alvarado,
y obraron con poco tiento,
porque jamás fue su intento
tomar tan bendito estado.
Niña alegre y bulliciosa,
de noble estirpe nacida,
pensó, libre mariposa,
de volar de rosa en rosa
por el jardín de la vida.
Con dos ojos que hallan poca
la luz del brillante Sol,
y una mente inquieta y loca,
¿quién puso bajo una toca
corazón tan español?
¿Qué valen las. celosías
que la aprisionan el ver,
si en sus bellas fantasías
adora todos los días
sus delirios de mujer?
¿Qué importa ¡pese a su estrella!
que algunos doctores viejos
nieguen el mundo para ella,
si presintiéndose bella,
se encuentra con los espejos?
Y ¿qué la importan los sones
del salterio sacrosanto,
si las lindas tentaciones
de otro dios y otras canciones
se la acuerdan entretanto?

¿Cómo abrazar las espinas
del ayuno y la oración
como exigencias divinas,
si hay otras que están ladinas
punzándola el corazón?
¿Para qué son sus sentidos
si de nada han de gozar?
¿Qué fue para los nacidos
el mundo a que son venidos,
si en venir han de pecar?
¿Qué sirven de sus cabellos
los mal mutilados rizos,
si no ha de prender en ellos
una flor, que hará más bellos
sus ojos antojadizos?
Doquier que su sombra alcanza,
curiosa va tras su sombra
con afanosa esperanza,
y el pie se ensaya en la danza
doquiera que halla una alfombra.
Doquier que hablan de virtud,
la causa secreta estudia
de su secreta inquietud;
doquier que encuentra un laúd,
un himno de amor preludia.
Tal vez a solas mirando
de su mansión los cerrojos,
las horas pasó soñando,
y se encontró, despertando,
con lágrimas en los ojos.
Tal vez desde una ventana
al ver la inmensa campiña
donde cruza una aldeana,

trocar su sayal de lana
quiso por una basquiña.
Tal vez al tomar su aguja
y al bordar un santo nombre,
la santa labor estruja;
que audaz tentación la empuja
a delinear el de un hombre.
Y así se la van los días
en suspirar y gemir,
por las bóvedas sombrías
de las largas galerías
que la habrán de ver morir.
Y sus ojos se marchitan,
y sus labios palidecen,
y sus pies se debilitan,
y sus delirios la irritan,
y sus pesadumbres crecen.
¡Oh, que al abrir un convento
a doña Inés de Alvarado,
obraron con poco tiento,
que bien se ve que su intento
no la llamaba a su estado!
Pero ¿qué han visto sus ojos,
que serenos y radiantes,
ha días que sin enojos
moderaron los antojos
tras de que corrieron antes?
Ella, que ayer esquivaba.
del templo el cantar sonoro
la oración la cansaba,
hoy de rodillas se clava
ante las rejas del coro.
Ella, que ayer distraída

asistía al gran misterio
del Redentor de la vida,
hoy no quita, embebecida,
los ojos del presbiterio.
Ella, que ayer con el son
del importuno esquilón
dejaba el lecho tardía,
hoy madruga con el día
y adora la creación.
Ella, que ayer descuidada
olvidaba sus labores,
hoy, noche y día afanada,
multiplica delicada
sus bordados y sus flores.
Y salen de su aposento
ofrendas del sentimiento
bajo formas infinitas,
sus labores exquisitas,
que orgullo son del convento.
Mutación inesperada
que a sus hermanas admira;
y la oveja descarriada,
dicen, del pastor llamada,
ya a su redil se retira.
Ya vuelve al dulce reclamo
de la dulce compañía,
y a los cuidados de su amo,
la blanca oveja que huía
tan salvaje como el gamo
nacido en la selva umbría.
Y en secretas reuniones
dándose la enhorabuena,
doblaban las oraciones,

pidiendo a estas intenciones
perseverancia serena.
¡Impertinencia importuna!
¡Oh necias, sin duda alguna,
las pobres siervas de Dios,
si no alcanzasteis ninguna
lo que va de Inés a vos!
Tras recogimiento tanto,
su tez la color recobra,
sus ojos brillo y encanto...
Y ¿pensáis que el fuego santo
tales maravillas obra?
¿Pensáis que el alma prensada
en la seca soledad
vuelve a una niña apenada
la pura tez sonrosada
y el contento y la humildad?
¡Oh necias, que sin recelos
cubrís el mundo y los ojos
con vuestros benditos velos,
cuando a la luz de los cielos
se ven muy mal sus abrojos!
¡Necias! La blanca ovejuela
que se vuelve a su pastor,
y cuya vuelta os consuela,
es tórtola que se vuela
al reclamo de su amor.
Cuando sus ojos estaban
clavados en el altar,
el altar no contemplaban,
que otros ojos no cesaban
sus ojos de reclamar.
Huir las rejas impiden,

pero, pese a los cerrojos,
lenguas en ojos residen,
y los espacios se miden
con las lenguas de los ojos.
Un hombre la contemplaba,
y un hombre la devoraba
con sus ardientes pupilas,
y doña Inés se abrasaba,
y vosotras... tan tranquilas.
Ni sorprendisteis su exceso,
ni de la reja a una esquina
visteis que, perdido el seso,
tendió la mano, y que un beso
crujió en la mansión divina.
Ni visteis que, en vez de andar
al toque de los maitines
desde su celda al altar,
solía más tarde entrar
al atrio de los jardines.
Ni hubo de vosotras una
que, del paseo celosa,
abriese ventana alguna,
y viese huir con la Luna
una sombra sospechosa.
Ni hubo ningún jardinero
que, al primer canto del gallo,
viese acercarse rastrero
un rondador caballero,
que atrás dejaba un caballo.
Ni os ocurrió que sus flores,
sus vistosos ramilletes
que encontraban compradores,
pudieron de sus amores

guardar ocultos billetes.
Ni la visteis espiando
el sueño de la tornera,
las llaves manoseando,
abierta afición mostrando
del manojo a la tercera.
¡Oh! Que al abrir un convento
a doña Inés de Alvarado,
obraron con poco tiento,
pues ni han mirado su intento,
ni en el Capitán pensado.

VIII. Aventura inexplicable

Tras grave asunto, a juzgar
por lo que van espoleando,
corren dos hombres, cruzando
a caballo un olivar.
No está la noche muy clara,
más bien se ve al pie de un cerro
una cruz grande de hierro
que dos caminos separa.
Y de advertir fácil es,
aun a los ojos peores,
que son dos los corredores,
y los caballos son tres.
Echó pie a tierra el primero,
y al dar la brida al de atrás,
le dijo: «Aquí esperarás»;
y el otro dijo: «Aquí espero.»
Y hacia el convento avanzando,
del caballero en la oscura
sombra se fue la figura,
hasta perderse, menguando.
Y aquí, ¡oh mi lector amigo!
fuerza será que convengas
en que es preciso que vengas
hacia el convento conmigo.
Sigue mi camino, pues,
y de una verja detrás,
un atrio acaso hallarás
a pocos pasos que des.
Sube tres gradas, si puedes,
da un paso más, y con él

tocarás en el cancel,
donde es fuerza que te quedes.
¿Ves un hombre que, embozado,
encorvando la figura,
por la estrecha cerradura
en mirar está ocupado?
Acércate sin temor,
que lo que alcanza por dentro,
no haca temible el encuentro
del Capitán reñidor.
Tú, lector, preguntarás:
—¿Conque el Capitán es ése?
El mismo, mas que te pese;
pero hazte un poquito atrás,
porque levantando el brazo,
empuja a espacio la puerta.
Entró, y dejándola incierta,
sopló el aire y dió un portazo.
Mas veo, lector, que dices,
sin que pueda replicarte,
que esto es, llamándote, darte
con la puerta en las narices.
Mas tu impaciencia sosiega,
todo lo presenciarás,
que del poeta, a eso y más
el poder mágico llega.
Está el Capitán en pie
en medio de la ancha nave,
y a la verdad que no sabe
ni qué pasa, ni qué ve.
El templo mira enlutado
con lúgubre terciopelo,
mucha gente haciendo duelo,

y un féretro en medio alzado.
Vense en el paño del túmulo
entrelazados blasones,
y a la luz de los blandones
un cadáver en su cúmulo.
Monjes le rezan en coro
tristísimos funerales,
y le alumbran con ciriales
pajes de libreas de oro.
La muchedumbre que asiste,
y que la tumba rodea,
dado que bien no se vea,
se ve que de noble viste.
Y parece que al bajar
el que ha finado a su nicho,
memoria tuvo capricho
de su opulencia en dejar.
Y al par que su eterna calma
las oraciones consuman,
mirras y esencias perfuman
la despedida del alma.
Música triste le aduerme,
salmodias le santifican,
e hisopos le purifican
el cuerpo, que yace inerme.
Mas aquellas oraciones
y responsorios precisos,
llevan de anatema visos
y planta de maldiciones.
A veces son sus compases
hondos, siniestros, horribles,
murmurando incomprensibles,
negras e incógnitas frases.

En son lento, ronco y quedo
se hacen oir otras veces,
y entonces aquellas preces
hiela los huesos de miedo.
Otras semejan aullidos
discordes, desesperados,
lamentos de condenados
de los infiernos salidos.
Otras lejanos rumores,
cual de tormentas, se escuchan,
o de ejércitos que luchan,
los espantosos clamores.
Y siempre siendo los mismos
los sones que se levantan,
responsos a un tiempo cantan
y murmuran exorcismos.
Atónito de la escena
extraña y aterradora
que encuentra tan a deshora
y le asombra y enajena,
don César, con paso lento,
entre la turba mezclado,
dirigióse A un enlutado
que oraba en aquel momento,
—¿Quién es el muerto, sabéis,
dijo, a quien rezando están?
Y él respondió: —El capitán
Montoya: ¿le conocéis?—
Mudo quedó de sorpresa
don César oyendo tal,
mas no lo tomó tan mal
como tal vez le interesa.
Volviólo la espalda, pues,

diciendo:—Me ha conocidoy
burlárseme ha querido;
mas luego veré quién es.—
Siguió la iglesia adelante,
y una capilla al cruzar,
vio un sepulcro preparar,
entre otros varios vacante;
y a un personaje que halló
de luto, y que parecía
que el trabajo dirigía,
el Capitán se acercó.
—¿Para quién abren la hoya?
le dijo; y el enlutado
le contestó de contado:
—Para el capitán Montoya.—
Mudósele la color
a don César; mas repuesta
su calma, al de la respuesta
volvió entre risa y furor.
Miróle de arriba abajo,
pero no le conoció;
segunda vez le miró,
pero fue inútil trabajo.
Ni recordó que quizás
le hubiese visto la cara,
ni imaginó que la hallara
tan repugnante jamás,
que encontró en ella tal gesto
de aterradora hediondez,
que por no verla otra vez,
dejó caviloso el puesto.
Fuése a otro punto a situar,
diciendo: —¡Ese hombre estremece!

De aquel sepulcro parece
que le acaban de sacar—
Uno tras otro se puso,
a contemplar los que vía,
mas a nadie conocía,
de lo que andaba confuso.
Tenían todos las caras
descoloridas y secas,
y dijeran que eran huecas,
a más de antiguas y raras.
Cansado de fiesta tal,
y a impulso de una aprensión,
llegóse a un noble varón
que oraba con un cirial.
Cabe él la rodilla apoya,
y dícele ya con miedo:
—¿Quién es el muerto? —y muy quedo
contestó el otro: —Montoya.—
Del catafalco a los pies
llegó entonces decidido,
de aquella duda impelido,
a ver el muerto quién es.,
Por los monjes atropella,
trepa al túmulo, la caja
descubre, ase la mortaja,
y él mismo se encuentra en ella.
Miró y remiró, y palpó
con afán hondo y prolijo,
y al fin consternado dijo:
—¡Cielo santo, y quién soy yo!
Miró la visión horrenda
una y otra y otra vez,
y nunca más que a sí mismo

en aquel féretro ve.
Aquel es su mismo entierro,
su mismo semblante aquel:
no puede quedarle duda,
su mismo cadáver es.
En vano se tienta ansioso;
los ojos cierra, por ver
si la ilusión se deshace,
si obra de sus ojos fue.
Ase su doble figura,
la agita, ansiando creer
que es máscara puesta en otro
que se le parece a él.
Vuelve y revuelve el cadáver
y le torna a revolver;
cree que sueña, y se sacude
porque despertarse cree,
y tiende el triste los ojos
desencajados, doquier.
Mas ¡nuevo prodigio! Mira
a las puertas, y al dintel
ve que despiden el duelo,
de duelo henchidos también,
don Fadrique y doña Diana,
que arrastran luto por él.
Baja, les tiende los brazos,
les nombra, cae a sus pies.
—Miradme, les dice atónito,
Montoya soy, vedme bien.
Y ellos le miran estúpidos
sin poderle conocer,
e inclinando las cabezas,
replican: —Montoya fue.—

Entonces, desesperado
con angustia tan cruel,
vase otra vez hacia el muerto
demandándole quién es.
—¿No hay quien sepa aquí quién soy?
¿No hay a salvarme poder?—
Y allá desde el presbiterio,
de las rejas al través,
oyó una voz que decía:
—Sí, te conozco, mi bien:
abre; ¿qué tardas? Partamos:
yo soy tu amor, soy tu Inés.
Y los brazos le tendía
la de Alvarado también,
de la reja tentadora
tras el cuádruple cancel.
Mas viéndola cual espectro
que le persigue a su vez,
gritaba él: —Aparta, aparta;
¿que soy cadáver no ves?
Y apenas palabras tales
pronunció, cuando tras él
vio llegarse aquel fantasma
cuyo gesto de hediondez
le hizo miedo, y no le pudo
recordar ni conocer.
Contemplóle de hito en hito,
le asió del brazo después,
y así con voz espantosa
vio que le dijo: —¡Pardiez!
Tú eres quien cambia conmigo;
a mi sepultura ven.—
Y a esta horrorosa sentencia,

ya sin poderse valer,
cayó en el suelo Montoya,
falto de aliento y de pies.
—¿Dónde estoy? ¿Qué es de mi vida?
¿Respiro aún? exclamó
Montoya abriendo los ojos,
con desfallecida voz.
—Señor, estáis en mis brazos.
—¿Eres tú, Ginés?
—Yo soy.
—¿Dónde estamos?
—En la cruz.
—¿Del olivar?
—Sí, señor.
—¿No estuve yo en el convento?
Pues ¿quién de allí me sacó?
—Yo fui, señor.
—¡Tú, Ginés!
—Perdonad; temí por vos,
y viendo que el tiempo andaba
y ni seña ni rumor
esperanza me infundían,
tras vos eché.
—¡Santo Dios!
¿Y llegastes...
—A la iglesia.
—¿Atraído por el son,
—Señor, no he oído nada.
¿No os lo dije?
—¿Cómo no?
¿Dentro la iglesia no vistes
los enlutados en pos
de mi cadáver? —Miróle

absorto de admiración
el mozo, y dijo: —Soñamos,
o vos, don César, o yo.
Ni vi, ni oí cosa alguna.
—¿Conque es mía esa visión?
¡A mis ojos solamente
horrenda se presentó!
¿No vistes conmigo a nadie?
—Os juro a mi salvación,
que solo os hallé tendido
al pie del altar mayor;
y viendo el peligro doble
del sitio y la situación,
ni me detuve a pensar
si estabais herido o no;
cargué con vos y me vine;
ni oí ni vi más, señor.
Calló Ginés, y don César,
a estas palabras quedó
distraído y abismado
en honda meditación.
Mirábale de hito en hito
Ginés, que aterrado vio
de la faz del Capitán
la extraña transformación.
Desencajados los ojos,
palidecido el color,
torvo el mirar, parecía,
más que vivo, aparición.
Sentado en el pedestal
de la cruz, do él le posó,
inmóvil permanecía
sin fuerza y sin intención,

amarrado a un pensamiento
que bullía en su interior,
y que se vía que todas
las potencias le absorbió,
como quien mira aterrado
negra y horrible visión
que le borra de los ojos
cuanto existe en derredor.
Temeroso el buen criado
por su juicio y su razón,
dirigióle atentas frases
con afán consolador.
Mas él ni tornó los ojos
ni a sus voces respondió,
ni agradeció sus cuidados,
que en nada puso atención;
y al cabo de largo trecho,
con repentino vigor
levantándose en silencio,
en su corcel cabalgó.
Hincóle los acicates,
y el poderoso bridón,
tras un poderoso brinco,
á todo escape salió.
Santiguóse el buen Ginés,
y en su ruin superstición,
dijo: —¿Si tendrá los malos?
Y a escape tras él echó.

Por una puerta secreta
que de los salones sale
a un secreto gabinete,
puede a estas horas mirarse
a don Fadrique y don César,
que, pálidos los semblantes,
plática tienen trabada
de asunto en verdad muy grave.
Demanda con vehemencia
don Fadrique, y contestarle
resiste el otro, en su empeño
ambos por demás tenaces.
El Capitán, asentado
en un sillón, torvo yace,
guardando, pósele al otro,
un silencio inalterable;
y don Fadrique, colérico,
en pie a su lado, las frases
la dirige más violentas
que halló para provocarle.
Dejábale el Capitán
que la ira desahogase,
como si con él no hablara
ni pudieran escucharles.
Y al fin, de calma en su cólera
aprovechando un instante,
dirigióle la palabra
con razones semejantes:
—Todo es inútil, denuestos,
súplicas, amagos, ayes;

el mundo entero no puede
a que os lo diga obligarme.
Un secreto es que conmigo
quiero que al sepulcro baje,
y no ha de saberlo nunca,
desde el Sol abajo, nadie.
Si es sueño o delirio mío,
quiero de él aprovecharme;
si es un aviso del cielo,
es imposible excusarle.
Tornó al silencio don César,
y el duque, que aunque no alcance
la razón, sospecha alguna,
díjole sin ira casi:
—Don César, noble he nacido,
y por mucho que yo os ame,
llevar no puedo en paciencia
sin una excusa un desaire.
Por misterioso o fatal,
por precioso o repugnante
que el secreto sea, ¿creéis
que no sabré yo guardarle?
—Sabéis quién soy, don Fadrique,
y por excusa esto baste,
que no hablaré más en ello
si santos me lo rogasen.
Y aquí, ya de don Fadrique
la cólera desbordándose,
dijo al capitán Montoya
con voz resuelta y pujante:
—¡Vive Dios, señor don César,
que esto no es más que un ultraje
que hacer queréis a mi casa,

y que está pidiendo saiigrel
Si no podéis el motivo
descubrirme que deshace
vuestra boda, satisfecho
de un modo o de otro dejadme.
—Señor duque, ya está dicho.
Si lo dejo de cobarde,
pues que me debéis la vida,
nadie como vos lo sabe;
pero os juro que, aunque osado
lleguéis hasta abofetearme,
no haréis que por causa alguna
la espada más desenvaine,
ni más me la he de ceñir,
ni más me harán que la saque
cuantas honras y razones
en el universo caben:
mirad, señor don Fadrique,
si el secreto será grande;
y pues veis a lo que obliga,
si hidalgo sois, réspetadle.
Callaron ambos a dos
y continuaron mirándose
como hombres en sus propósitos
igualmente imperturbable.
Al fin dijo don Fadrique
por la estancia paseándose,
como quien duda si debe
satisfacerse o vengarse:
—Señor capitán Montoya,
vida y honor me salvasteis
una noche, y aunque en ésta
me los habéis vuelto tales

que no será mucho tiempo
a restablecerlos fácil,
váyase lo uno por lo otro,
de nada quiero acordarme.
Estamos en paz, don César.
Y continuó paseándose,
y atarazándose un labio
hasta revocar la sangre.
Entonces el Capitán,
con paso medido y grave,
en mitad del aposento
fue decidido a encontrarle;
tendióle la mano, y dijo:
—Pensad, duque, si es bastante
a dejaros satisfecho
de este misterioso ultraje
mi resolución postrera:
tomad, señor, esas llaves;
de mis inmensos tesoros
haced con justicia partes:
una a Ginés por servirme,
con cuantos muebles hallare;
un hospital o convento
fundad con otra, si os place,
y otra a don Luis de Alvarado,
que gana la apuesta infame
que hice de robar a Dios
la mejor prenda al casarme.
¿Me comprendéis, señor duque?
Obedecedme y dejadme.
Entregad al de Alvarado
lo que hoy de perder me place;
pero cuidad, don Fadrique,

que no sepa el miserable
que era Inés, su propia hermana,
la prenda que iba a jugarse.—
Y así el Capitán diciendo,
un pliego sin letras ase,
escribe algunas palabras,
lo firma, lo sella y parte.
Quedó don Fadrique atónito,
Ginés rompió en voces y ayes
y en llanto amargo, que al punto
cambió en lágrimas el baile.
Cundió la noticia rápida,
y el escándalo fue grande,
aunque al culpar los efectos,
no acierta la causa nadie.

X. Hechos y conjeturas

Todo era hablillas Toledo,
y todo interpretaciones,
cada cual forjó un enredo,
y hablaron todos con miedo
de espectros y apariciones.
Y como en vano buscaron
por Toledo al Capitán,
mil fábulas le colgaron,
y los que las inventaron,
por hechos las creen y dan.
Quién dijo, que anocheciendo,
le vio desde un corredor
allá en los aires cerniendo
un cuerpo alado y horrendo
cual fue bello el anterior.
Quién dijo que un día oraba
ante un devoto retablo,
y vio al Capitán que daba
ayuda y defensa brava,
contra San Miguel, al diablo.
El hecho es que don Fadrique
a su escribano mandó
que en su nombre ratifique,
firme, selle y testifique
lo que don César firmó.
Que se partió su tesoro
algunos días después,
que se dio a los pobres oro,
y que, rico como un moro,
partió a la corte Ginés.
Ni más descubrirse pudo,

ni puede decirse más,
y este es el hecho desnudo,
pábulo, origen y escudo
de las mentiras de atrás.
Mas hay entre todas una
que, fábula o tradición,
en escritura oportuna
encontrarla fue fortuna
separada del montón.
El vulgo a su vez la cuenta
como innegable verdad,
y de quien dudarla intenta,
dice que de Dios atenta
al poder y majestad.
Yo, trovador vagabundo,
la oí contar en Toledo,
y de aquel pueblo me fundo
en la razón, y así al mundo
contarla a mi turno puedo.
Ni quitaré ni pondrá;
como a mí me la contaron
fielmente la contaré,
y a ser falso, juro a fe
que en Toledo me engañaron.
Diz que pasaron diez años,
cada cual lleno a su vez
de azares y clesengaños;
mas a nuestro cuento extraños,
no hacen al caso los diez.
Las fabulillas cesaron
de hervir en la muchedumbre;
Diana y otras se casaron;
y en fin, según es costumbre,

al que murió lo enterraron.
Y del mar de su destino
ya pronto a romper el dique,
diz que al linde del camino
de la vida, don Fadrique
pidió aprisa un capuchino.
Y severo y respetable,
con la faz descolorida,
vino un varón venerable,
al duque a hacer tolerable
la tremenda despedida.
Tras sí la puerta entornó,
y cuando a solas quedó
con el noble moribundo,
la religión con el mundo
así plática entabló:

Monje   ¿Don Fadrique?

Don Fadrique   Bienvenido,
               padre; concluyendo estoy.

Monje   A ayudaros he venido
               a ir en paz; prestad oído
               a lo que deciros voy.
               Ha diez años que, arrastrado
               por intención criminal,
               hollé de un templo el sagrado,
               y a Dios me sentí llamado
               de una visión infernal.
               Los muertos vi que salían
               de las urnas sepulcrales
               y blandones me encendían,

y con gran pompa me hacían
en vida los funerales.
Visión de los cielos fue;
mas ¿quién creyera mi historia?
A contarla me negué,
y haberla determiné
encerrada en mi memoria.
Tan solo existía un hombre
a saberla con derecho;
porfió, porfié; y no os asombre,
no me la arrancó del pecho:
don Fadrique era su nombre.
Mas lo que excusar no pude
al noble a quien ofendía,
vengo; ¡y así Dios me ayude!
a que mi razón escude
la fe de vuestra agonía.—
Y esto el buen monje diciendo,
cayó ante el lecho de hinojos,
las manos del duque asiendo,
quien, sus palabras oyendo,
al monje tornó los ojos.
Contemplóle de hito en hito
con acongojado afán,
y exclamó al fin con un grito:
—¡Sois vos! ¡Dios santo y bendito!
Abrazadme, Capitán.—
Y los brazos enlazaron,
y a solas ambos a dos
por largo tiempo quedaron,
y largo tiempo lloraron
ante la imagen de Dios.
Y al fin de la confesión,

henchido el duque de fe,
díjole: —A aquella visión
debéis vuestra salvación,
que aviso del cielo fue.—
En cuyo punto, sintiendo
llegar el trance fatal
del paso duro y tremendo,
—ADIÓS, DON CÉSAR, — diciendo,
lanzó el aliento vital.
Y aquí del todo acabada
del buen monje la misión,
y el ánima encomendada,
con voz exclamó mudada
al darle la absolución:
—¡Ve en paz! Y, si como espero,
el llanto ante Dios se apoya
de un corazón verdadero,
—ruega a, Dios, buen caballero,
por el capitán Montoya!—
Y dando al mundo un momento,
al muerto besó en la frente,
y a paso medido y lento,
triste volvió a su convento
el Capitán penitente.
Y ha poco había en sepultura humilde,
de la maleza oculta entre las hojas,
una inscripción borrada por los años,
que todo al fin sin compasión lo borran.
Único resto de opulenta estirpe,
único fin de la mundana pompa,
montón de polvo, en soledad yacía
quien hizo al mundo con su audacia
sombra.

Y apenas pueden los avaros ojos
leer en medio de la antigua losa:
Aquí yace fray Diego de Simancas,
que fué en el siglo el capitón Montoya.

Nota de conclusión

Y por si alguno pregunta
curioso por doña Inés
y opina que queda el cuento
incompleto, le diré:
que doña Inés murió monja
cuando la tocó su vez,
sin su amor, si pudo ahogarle,
y si no pudo, con él.
Porque destino de todos,
vivir de esperanzas es:
quien las logra, muere en ellas;
quien no las logra, también.
Conque ya sabe el curioso
de mis héroes lo que fue,
y solo añadir me resta
dos palabras de Ginés:
Hizo en la corte fortuna,
casóse al cabo muy bien
con una dama muy rica
y hermosa como un clavel;.
y aunque dieron malas lenguas
en alzarla no sé qué,
ella no alzó las pestañas
para al vulgo responder.
Dió a Ginés un hijo zurdo,
y dijo su padre de él
que había nacido en casa,
y en esto solo habló bien.

Libros a la carta

A la carta es un servicio especializado para
empresas,
librerías,
bibliotecas,
editoriales
y centros de enseñanza;
y permite confeccionar libros que, por su formato y concepción, sirven a los propósitos más específicos de estas instituciones.

Las empresas nos encargan ediciones personalizadas para marketing editorial o para regalos institucionales. Y los interesados solicitan, a título personal, ediciones antiguas, o no disponibles en el mercado; y las acompañan con notas y comentarios críticos.

Las ediciones tienen como apoyo un libro de estilo con todo tipo de referencias sobre los criterios de tratamiento tipográfico aplicados a nuestros libros que puede ser consultado en Linkgua-ediciones.com.

Linkgua edita por encargo diferentes versiones de una misma obra con distintos tratamientos ortotipográficos (actualizaciones de carácter divulgativo de un clásico, o versiones estrictamente fieles a la edición original de referencia).

Este servicio de ediciones a la carta le permitirá, si usted se dedica a la enseñanza, tener una forma de hacer pública su interpretación de un texto y, sobre una versión digitalizada «base», usted podrá introducir interpretaciones del texto fuente. Es un tópico que los profesores denuncien en clase los desmanes de una edición, o vayan comentando errores de interpretación de un texto y esta es una solución útil a esa necesidad del mundo académico.

Asimismo publicamos de manera sistemática, en un mismo catálogo, tesis doctorales y actas de congresos académicos, que son distribuidas a través de nuestra Web.

El servicio de «libros a la carta» funciona de dos formas.

1. Tenemos un fondo de libros digitalizados que usted puede personalizar en tiradas de al menos cinco ejemplares. Estas personalizaciones pueden ser de todo tipo: añadir notas de clase para uso de un grupo de estudiantes, introducir logos corporativos para uso con fines de marketing empresarial, etc. etc.

2. Buscamos libros descatalogados de otras editoriales y los reeditamos en tiradas cortas a petición de un cliente.